NOUVEL ABÉCÉDAIRE

OU
ALPHABET SYLLABIQUE,

CONTENANT

LES PREMIERS ÉLÉMENTS DE LA LECTURE,
LES PRIÈRES JOURNALIÈRES,
LES PRINCIPES DE LA BONNE ÉDUCATION EN DOUZE STROPHES,
QUELQUES HISTORIETTES ET FABLES AUSSI INTÉRESSANTES
QU'INSTRUCTIVES POUR LA JEUNESSE,
ET UNE TABLE POUR APPRENDRE A COMPTER.

NOUVELLE-ORLÉANS,

Chez Victor HÉBERT, Libraire,
Rue de Chartres, 149.

—

1847.

A B C
D E F G
H I J K L
M N O P
Q R S T
U V X Y Z

(4)

a b c d e f g
h i j k l m
n o p q r s
t u v x y z

MAJUSCULES ITALIQUES.

A B C D E F G H I
J K L M N O P Q
R S T U V X Y Z

MINUSCULES ITALIQUES.

a b c d e f g h i j k l

m n o p q r s t u v x y z

ALPHABET HORS D'ORDRE.

Y D Z K F N I X R

U O V B S A J C G

T M H E Q L P

Lettres doubles et liées.

ff. fl fi ffi ffl w æ œ &.

---

*Prononciation des différentes sortes
d'e*

muet, fermé, ouvert, très ouvert.

e é è ê

Qui se prononcent comme dans

homme, bonté, progrès, tempête.

Ba	be	bi	bo	bu
Ca	ce	ci	co	cu
Da	de	di	do	du
Fa	fe	fi	fo	fu
Ga	ge	gi	go	gu
Gna	gne	gni	gno	gnu
Ha	he	hi	ho	hu
Ja	je	ji	jo	ju
Ka	ke	ki	ko	ku
La	le	li	lo	lu
Ma	me	mi	mo	mu
Na	ne	ni	no	nu
Pa	pe	pi	po	pu
Qua	que	qui	quo	qu
Ra	re	ri	ro	ru
Sa	se	si	so	su
Spa	spe	spi	spo	spu
Ta	te	ti	to	tu
Va	ve	vi	vo	vu
Xa	xe	xi	xo	xu
Za	ze	zi	zo	zu

Sons d'une Consonne ou d'une Voyelle.

a	e	é	è	ê	i	o	u
Ba	be	bé	bè	bê	bi	bo	bu
Ca	ce	cé	cè	cê	ci	co	cu
Da	de	dé	dè	dê	di	do	du
Fa	fe	fé	fè	fê	fi	fo	fu
Ga	ge	gé	gè	gê	gi	go	gu
Ha	he	hé	hè	hê	hi	ho	hu
Ja	je	jé	jè	jê	ji	jo	ju
Ka	ke	ké	hè	kê	ki	ko	ku
La	le	lé	lè	lê	li	lo	lu
Ma	me	mé	mè	mê	mi	mo	mu
Na	ne	né	nè	nê	ni	no	nu
Pa	pe	pé	pè	pê	pi	po	pu
Ra	re	ré	rè	rê	ri	ro	ru
Sa	se	sé	sè	sê	si	so	su
Ta	te	té	tè	tê	ti	to	tu
Va	ve	vé	vè	vê	vi	vo	vu
Xa	xe	xé	xè	xê	xi	xo	xu
Za	ze	zé	zè	zê	zi	zo	zu

Mots de deux Syllabes formés des sons précédents.

Ba-le be-ca bé-ni bê-te bi-l bo-bo bu-te.

Ca-ve ce-ci cé-da cè-ne ci-té cô-te cu-ve.

Da-me de-mi dé-jà dè-te di-na do-do du-re.

Fa-ni fe-ra fê-ve fê-te fi-ni fo-ra fu-mé.

Ga-ge ge-lé gé-ré gê-ne gî-te go-be gu-te.

Ha-le he-va hé-ro hè-re hi-la hô-te hu-re.

Ja-de je-té jé-hu jé-va ji-bo jo-li ju-ge.

Ka-li ke-na kéri ké-lu ki-da ko-pa ku-no.

La-me le-vé lé-ge lè-ve li-ce lo-ti lu-ne.

Ma-ri me-na mé-co mè-re mi-di mo-de mu-le.

Na-ge né-ri né-ga né-fa ni-ve no-ce nu-e.

Pa-pe pe-lé pé-né pè-re pi-la pè-le pu-ce.

Ra-ve re-çu ré-gi rê-ve ri-re rô-ti ru-se.

Sa-le se-ma sè-ve sé-ba si-re so-fa sû-re.

Tâ-té té-nu té-né tê-te ti-ra to-me tu-be.

Va-se ve-nu vé-ri vê-tu vi-ce vo-le vu-e.

Xa-ba xe-no xè-du xê-re xi-ve xo-re xu-pé.

Za-ni ze-ga zé-ro zè-de zi-re zo-re zu-le.

*Mots Trisyllabes et Polysyllabes,
terminés par un e muet, formés
des sons précédents.*

Fa-ri-ne pé-ta-le mo-dè-le ba-di-na-
ge ca-ra-bi-ne.
Na-tu-re ri-va-ge su-tu-re dé-gé-nè-
re fé-mi-ni-ne.
Té-ti-ne vo-la-ge lé-vi-te ga-lo-pa-de
ho-mo-gè-ne.
Bi-ga-me ca-pu-ce da-ti-ve ju-di-ca-
tu-re la-ti-tu-de.
Ga-ba-re ha-bi-le ju-ju-be mé-de-ci-
ne né-ga-ti-ve.
Lé-gè-re mo-ra-le nu-bi-le pâ-tu-ra-
ge ri-di-cu-le.
Pi-lo-te re-mè-de va-ri-ce ta-ci-te si-
mi-li-tu-de.
So-no-re bi-tu-me vé-hi-cu-le zi-be-li-
ne ta-ba-ri-ne.

Di-vi-ne fi-gu-re gi-ra-fe bé-né-vo-le
co-mé-die.

Hu-mi-de ja-la-ge la-vu-re do-mi-ci-le
fa-vo-ri-te.

Ma-rine né-go-ce pé-pi-e gé-né-ra-le
hu-mo-ra-le.

Ra-ci-ne se-ri-ne to-lè-re ja-ve-li-ne
lé-gi-ti-me.

Vê-tu-re ba-di-ne co-lè-re mo-no-po-le
nu-mé-ra-le.

Dé-bi-le fé-cu-le gé-ni-e pé-le-ri-na-ge
ra-do-ta-ge.

Hé-ti-ce je-té-e li-ba-ge sa-lo-pe-ri-e
tu-re-lu-re.

Ma-xi-me no-vi-ce pa-tè-ne vo-la-ti-le
dé-ca-de.

Re-di-re sa-la-de ti-ra-ge ca-du-cé-e
ru-bi-con-de.

Ve-lu-e bo-bi-ne ca-va-le fè-ve-ro-le
gi-be-ci-è-re.

Sons formés d'une Voyelle et d'une Consonne.

Ab	èb	ib	ob	ub	Ac	èc	ic	oc	uc
Ad	èd	id	od	ud	Af	èf	if	of	uf
Ag	èg	ig	og	ug	Al	èl	il	ol	ul
Am	èm	im	om	um	An	èn	in	on	un
Ap	èp	ip	op	up	Ar	èr	ir	or	ur
As	ès	is	os	us	At	èt	it	ot	ut
Av	èv	iv	ov	uv	Ax	èx	ix	ox	ux

Voyelles composées.

Ea	ai	ei	au	eau	eo	eu	œ	œua	ou	o
a	é	è	o	o	o	e	é	e	ou	

Voyelles nasales.

An ean am aen aon en em in im

Ain ein aim on eon om un eun um

Diphthongues.

Iai iau ieu iou oue oui ien ion oin.

Ponctuations.

. , ; : ! ? ë ï ü tréma.

Sons formés de deux Consonnes et d'une Voyelle.

Bla	ble	blé	blè	bli	blo	blu
Bra	bre	bré	brè	bri	bro	bru
Cra	cre	cré	crè	cri	cro	cru
Cha	che	ché	chè	chi	cho	chu
Cla	cle	clé	clè	cli	clo	clu
Dra	dre	dré	drè	dri	dro	dru
Fra	fre	fré	frè	fri	fro	fru
Gla	gle	glé	glè	gli	glo	glu
Gra	gre	gré	grè	gri	gro	gru
Pla	ple	plé	plè	pli	plo	plu
Pra	pre	pré	prè	pri	pro	pru
Pha	phe	phé	phè	phi	pho	phu
Qua	que	qué	què	qui	quo	qu'u
Spa	spe	spé	spè	spi	spo	spu
Sta	ste	sté	stè	sti	sto	stu
Tra	tre	tré	trè	tri	tro	tru
Tha	the	thé	thè	thi	tho	thu
Vra	vre	vré	vrè	vri	vro	vru

Mots formés des sons précédents.

Blâ-me blê-me é-ta-bli blo-cus blu-té
Brè-ve brê-che bri-de bro-dé bru-ne
Crâ-ne crê-pe cri-ble cro-che cru-di-té
Cha-pe che-nu chi-che cho-pi-ne chu-te
Cla-que cle-ché cli-que clo-che clu-pe
Dra-me drê-che dris-se drô-le dru-e
Fra-gi-le frè-re fai-re fro-ma-ge fru-gal
Gla-ce glè-ne glis-sé glo-be glu-e
Gra-ve grê ne gri-ve grot-te gru-e
Pla-ce plè-vre pli-que plo-que plu-me
Pra-li-ne pré-co-ce pri-se pro-be pru-ne
Pha-re phé-nix phi-lo-so-phe pho-la-de
Qua-tre quê-te qui-pro-quo quo-ti-té
Spa-tu-le spé-cu-lé spi-ra-le spo-de spu
Sta-ble sté-ri-le sti-bié sto-re stu-pi-de
Tra-hi trè-fle tri-bu-ne trô-ne tru-ble
Tha-li-e thê-me thi-é-zi tho-rax thu-lé
Vre-lée vi-vra sui-vre ou-vri-ra vro-vrac

Sons formés d'une Voyelle entre deux Consonnes.

Bar	bel	bis	bon	bul
Car	cer	cis	cor	cul
Dan	det	din	doc	dur
Fas	fer	fil	fon	fur
Gar	ges	gil	gor	gut
Har	her	his	hon	hur
Jam	jec	jar	jon	jus
Lan	let	lin	lon	lun
Mar	mes	mil	mor	mur
Nat	net	nip	non	nul
Par	pes	pin	por	pur
Ram	ren	ris	ros	rup
San	sen	sin	sol	sup
Tan	ten	tin	ton	tur
Vas	ven	vil	vol	vul

Mots formés des sons précédents.

Bar-be bel-le bis-que bon-té bul-be

Car-me cer-cle cis-te cor-ne cul-te

Dan-se det-te din-de doc-te dur-cir

Fas-te fer-me fis-cal fon-te fûs-tet

Gar-de ges-te gib-bon gor-ge gut-tu-ral

Har-di her-be his-toi-re hon-te hur-ler

Jam-be jec-tis-ses jar-din jon-que jus-te

Lan-ce let-tre lin-ge lon-ge lun-di

Mar-di mes-se mil-le mor-dre mur-cie

Nat-te nec-tar nip-pe nom-bre nul-le

Par-mi pes-te pin-te por-te pur-ge

Ram-pe ren-dre ris-que ro-se rup-tu-re

San-té sen-tir sin-ger sol-dat sub-til

Tan-te ter-re tin-ter tom-ber tur-bot

Vas-te ven-tre vi-le vol-te vul-ve

Sons formés de trois Consonnes et d'une Voyelle.

Blan bles blin blon bluc
Bran bres brim bros brus
Cras cres cric crot crus
Chan cher chif chop chu
Clar cler clis clor clu
Dras dres dris drog dru
Fran fres fris fron frus
Glan glet glis glot glu
Gran gref grif gros gru
Plan plé plis plon plus
Prag pren pris pros prus
Phar phé phil phos phu
Quar quel quin quo qu'en
Spas spec splen spon spu
Stan ster stig stock stro
Tran tres tris trom truf
Than ther thib thon thu
Vrai vres vril volt vulv

Mots formés des sons précédents.

Blan-che bles-ser blin-der blon-de bleu
Bran-che bres-se brin-de bros-se bru-que
Cras-se cres-son cric crot-te crus-ta-cé
Chan-tre chef chif-fre chop-per chu-te
Clar-té cler-gé clis-sa-ge clo-re clu-ser
Dras-ti-que dres-ser dris-se drog-man
Fram-boi-se fris-son fron-de frus-trer
Glan-de glet-te glis-ser glot-te glu-ant
Gran-de gref-fe grif-fe gros-se gru-ger
Plan-te plè-vre plis-ser plon-ger plu-tôt
Pra-ga pren-dre prin-ce pros-pè-re prus-se
Pha-re phé-nix phil-tre phos-pho-re phul
Quar-te quel-que quin-te quo-te quê-te
Spas-me spec-tre splen-deur spon-dée
Stan-ce ster-ling stig-ma-te stock stro-phe
Tran-che tres-se tris-te trom-per truf-fe
Ta-mi-se ther-mal thi-bet thon thu-rock
Vrai-ment ver-det vril-le vol-te vul-ve

✝ Au nom du Pè-re, et du Fils, et du Saint-
Es-prit. Ain-si soit-il.

L'Oraison dominicale.

No-tre pè-re qui ê-tes aux Cieux , que
vo-tre nom soit sanc-ti-fié, que vo-tre rè-gne
ar-ri-ve, que vo-tre vo-lon-té soit fai-te en
la ter-re com-me au Ciel, don-nez-nous au-
jour-d'hui no-tre pain quo-ti-dien, par-don-
nez-nous nos of-fen-ses , com-me nous les
par-don-nons à ceux qui nous ont of-fen-sés,
et ne nous lais-sez pas suc-com-ber à la ten-
ta-tion, mais dé-li-vrez-nous du mal. Ain-si
soit-il.

La Salutation angélique.

Je vous sa-lue, Ma-rie, plei-ne de grâ-ces, le Sei-gneur est a-vec vous; vous ê-tes bé-nie en-tre tou-tes les fem-mes; et Jé-sus, le fruit de vos en-trail-les, est bé-ni.

Sain-te Ma-ri-e, mè-re de Dieu, pri-ez pour nous, pau-vres pé-cheurs, main-te-nant et à l'heu-re de no-tre mort. Ain-si soit-il.

Le Symbole des Apôtres.

Je crois en Dieu, Pè-re tout-puis-sant, cré-a-teur du Ciel et de la Ter-re, et en Jé-sus-Christ, son Fils u-ni-que, no-tre Sei-gneur, qui a été con-çu du Saint-Es-prit, est né de la Vier-ge Ma-rie, a souf-fert sous Pon-ce Pi-la-te, a é-té cru-ci-fi-é, est mort, a é-té en-se-ve-li, est des-cen-du aux en-fers, est res-sus-ci-té le troi-siè-me jour, est mon-té aux Cieux, est as-sis à la droi-te de Dieu, le Pè-re tout'puis-sant, d'où il vien-dra ju-ger les vi-vants et les morts.

Je crois au Saint-Es-prit, la Sain-te É-gli-se
ca-tho-li-que, la com-mu-ni-on des saints,
la ré-mis-si-on des pé-chés, la ré-sur-rec-
ti-on de la chair, la vie é-ter-nel-le. Ain-si
soit-il.

Confession des Péchés.

Je me con-fes-se à Dieu tout-puis-sant, à
la bien-heu-reu-se Ma-ri-e tou-jours Vier-ge,
à saint Mi-chel Ar-chan-ge, à saint Jean-Bap-
tis-te, aux A-pô-tres saint Pier-re et saint
Paul, à tous les Saints (et à vous, mon Père),
que j'ai beau-coup pé-ché, par pen-sées, par
pa-ro-les et par ac-ti-ons; c'est ma fau-te;
c'est ma faute, c'est ma très grande faute.
C'est pour-quoi je prie la bien-heu-reu-se
Ma-rie tou-jours Vier-ge, saint Mi-chel Ar-
chan-ge, saint Jean-Bap-tis-te, les A-pô-tres
saint Pier-re et saint Paul, et tous les saints
(et vous, mon Père), de prier pour moi le
Sei-gneur no-tre Dieu.

Prière en l'honneur du mystère de l'Incarnation, qui se fait après les prières du matin, à midi et le soir.

L'An-ge du Sei-gneur an-non-ça à Ma-rie qu'el-le se-rait Mè-re du Sau-veur, et el-le a con-çu par l'o-pé-ra-ti-on du Saint-Es-prit.

Je vous sa-lue, Ma-rie, etc.

Voi-ci la ser-van-te du Sei-gneur, qu'il me soit fait se-lon vo-tre pa-ro-le.

Je vous sa-lue, Ma-rie, etc.

Et au même in-stant le Fils de Dieu s'est fait hom-me, et il a ha-bi-té par-mi nous.

PRIONS.

Ré-pan-dez, s'il vous plaît, Sei-gneur, vo-tre grâ-ce dans nos â-mes, a-fin qu'ayant con-nu par la pa-ro-le de l'An-ge, l'in-car-na-tion de Jé-sus-Christ, vo-tre Fils, nous ar-ri-vi-ons par les mé-ri-tes de sa pas-sion et de sa croix, à la gloire de la Ré-sur-rec-tion.

Par le mê-me Jé-sus-Christ no-tre Sei-gneur. Ain-si soit-il.

LES COMMANDEMENTS DE DIEU.

1. Un seul Dieu tu a-do-re-ras
   Et ai-me-ras par-fai-te-ment.

2. Dieu en vain tu ne ju-re-ras,
   Ni au-tre cho-se pa-reil-le-ment.

3. Les di-man-ches tu gar-de-ras,
   En ser-vant Dieu dé-vo-te-ment.

4. Pè-re et mè-re ho-no-re-ras,
   A-fin que tu vi-ves lon-gue-ment.

5. Ho-mi-ci-de point ne se-ras,
   De fait ni vo-lon-tai-re-ment.

6. Lu-xu-rieux point ne se-ras,
   De corps ni de con-sen-te-ment.

7. Le bien d'au-trui tu ne pren-dras,
   Ni re-tien-dras in-jus-te-ment.

8. Faux té-moi-gna-ge ne di-ras,
   Ni men-ti-ras au-cu-ne-ment.

9. L'œu-vre de chair ne dé-si-re-ras
   Qu'en ma-ri-a-ge seu-le-ment.

10. Biens d'au-trui ne con-voi-te-ras,
    Pour les a-voir in-jus-te-ment.

LES COMMANDEMENTS DE L'ÉGLISE.

1. Les fê-tes tu sanc-ti-fi-e-ras ,
   Qui te sont de com-man-de-ment.

2. Les di-man-ches mes-se ou-ï-ras ,
   Et les fê-tes pa-reil-le-ment.

3. Tous tes pé-chés con-fes-se-ras ,
   A tous le moins une fois l'an.

4. Ton Cré-a-teur tu re-ce-vras ,
   Au moins à Pâ-ques hum-ble-ment.

5. Qua-tre temps, Vi-gi-les jeû-ne-ras ,
   Et le Ca-rê-me en-tiè-re-ment.

6. Ven-dre-di chair ne man-ge-ras ,
   Ni le sa-me-di mê-me-ment.

Mon cher en-fant, vous con-nais-sez vos
let-tres, vous sa-vez é-pe-ler des syl-la-bes
et des mots, il faut main-te-nant ap-pren-dre
à li-re. Tra-vail-lez à ce-la a-vec cou-ra-ge,
pour de-ve-nir un bon chré-tien, et pour savoir met-tre or-dre à vos af-fai-res.

PRINCIPES

DE LA BONNE ÉDUCATION

POUR FORMER LES MOEURS.

Rendez au Créateur tout ce qu'on doit lui
    rendre,
Réfléchissez avant que de rien entreprendre,
N'ayez société qu'avec d'honnêtes gens,
Et ne vous enflez point de vos heureux talents.

Conformez-vous souvent aux sentiments des
    autres,
N'exigez que très peu qu'on se conforme aux
    vôtres,
Faites attention à ce que l'on vous dit,
N'affectez point surtout de montrer trop
    d'esprit.

—

N'entretenez personne au-delà de sa sphère,
Taisez-vous ou tâchez d'être toujours sincère,
Tenez votre parole inviolablement,
Ne vous engagez pas inconsidérément.

—

Soyez peu curieux des affaires des autres,
Et sans rien affecter cachez toujours les vôtres,
Prêtez de bonne grâce avec discernement,
S'il faut récompenser, faites-le sagement.

—

Soyez officieux, complaisant, doux, affable,
Toujours d'égale humeur, accessible, trai-
    table :
Dans votre politesse ayez un air aisé,
Ne décidez de rien qu'après l'avoir pesé.

Aimez sans intérêt, pardonnez sans faiblesse,
S'il faut être soumis, soyez-le sans bassesse ;
Cultivez avec soin l'amitié de chacun ;
A l'égard des procès, n'en intentez aucun.

—

Et de quelque façon que vous puissiez paraî-
    tre ,
Que ce soit sans éclat et sans vous mécon-
    naître ;
Compâtissez toujours aux disgrâces d'autrui,
Supportez ses défauts ; soyez fidèle ami.

—

Surmontez les chagrins où l'esprit s'aban-
    donne
Et ne les faites point rejaillir sur personne ;
Estimez tout le monde en sa profession
Et ne critiquez rien par ostentation.

—

Ne reprochez jamais les bienfaits que vous
    faites
Et mettez-les au rang des affaires secrètes ;
Prévenez les besoins d'un ami malheureux ;
Sans prodigalité rendez-vous généreux.

Modérez les transports d'une bile naissante
Et ne parlez qu'en bien d'une personne ab-
  sente ;
Fuyez l'ingratitude et vivez sobrement ;
Jouez pour le plaisir et perdez noblement.

—

Parlez peu, pensez bien et ne trompez per-
  sonne,
Et faites toujours cas de ce que l'on vous
  donne ;
Ne tyrannisez point vos pauvres débiteurs,
A personne en un mot ne montrez de hauteur.

—

Ne divulguez jamais ce que l'on vous confie ;
Au bonheur du prochain ne portez point en-
  vie ;
Ne vous vantez de rien, gardez votre secret ;
Après quoi, mettez-vous au-dessus du ca
  quet.

DEUXIÈME PARTIE.

On reconnaît quatre éléments ou principes de choses : le *feu*, l'*air*, l'*eau* et la *terre*.

En frappant deux cailloux l'un contre l'autre, on obtient le feu ; la même chose arrive si vous frappez le fer contre le caillou.

Le feu éclaire, brûle et consume. Si on l'excite, il donne des étincelles ou de la flamme ; si on le prive d'air, il donne du charbon.

L'eau est un liquide qui roule continuellement sur lui-même. Cet élément est la boisson naturelle de l'homme.

L'air ne se voit pas ; il est plus léger que l'eau ; c'est l'air agité qui forme les vents et les tempêtes. On ne vit pas sans air.

L'air enveloppe tous les corps que nous apercevons dans le vaste Univers.

La terre est le globe que nous habitons. Sa forme est ronde à peu près comme celle de l'orange. Les montagnes dont elle est couverte ne sont pas plus sensibles, relativement à son étendue, que les défauts qui se trouvent sur l'écorce de ce fruit.

La lumière est dispersée d'un bout de l'Univers à l'autre ; c'est une matière infiniment légère qui frappe la vue et la blesse si on la fixe trop attentivement.

La lumière se communique avec la plus grande célérité.

Le soleil est un grand globe de feu qui nous échauffe et nous éclaire ; on ne peut le fixer qu'à travers un petit trou fait dans une carte. Il est distant de la terre de trente-quatre millions de lieues.

Le soleil paraît être sans cesse en mouvement ; de tout côté il répand la lumière dont il est le foyer.

Les jours croissent à mesure que le soleil nous échauffe : en France, ils sont égaux aux nuits le premier jour du printemps et le premier jour de l'automne.

Les peuples qui habitent les pôles sont six mois privés de la chaleur du soleil.

Les étoiles sont des globles immenses et lumineux; elles ne se voient point pendant le jour, parce que leur lumière est plus faible que celle du soleil; elles nous semblent petites à cause de leur grand éloignement.

La lune est ce globe qui brille la nuit; c'est un corps opaque, privé de lumière; celle qu'elle nous procure, elle la reçoit du soleil.

La lune tourne autour de la terre dans l'espace de vingt-neuf jours et quelques heures. Il y a nouvelle lune quand elle se lève avec le soleil.

La lune est plus petite que la terre; elle nous paraît plus grande que les étoiles, parce qu'elle est plus près de la terre. La distance moyenne de la lune à la terre est de quatre-vingt-six mille lieues.

La lune perd sa lumière lorsque la terre se trouve entre elle et le soleil. C'est ce qu'on appelle *éclipse de lune*.

La terre est composée de quatre parties qu'on appelle *Europe, Asie, Afrique, Amérique.* Toutes ces parties sont entourées d'eau.

La partie de la terre exposée aux rayons du soleil jouit de la lumière, c'est le jour; le côté opposé est dans l'ombre, c'est la nuit.

La terre tourne autour du soleil dans l'espace de trois cent soixante-cinq jours six heures. La durée de ce mouvement forme l'année.

La terre est couverte d'animaux de toute espèce; les uns volent, les autres rampent, beaucoup marchent ou gravissent.

Le nombre des habitants de la terre est d'environ huit cents millions.

La population de l'Asie, par estime, est de trois cent quatre-vingt-dix millions.

Celle de l'Afrique, de soixante-millions.

Celle de l'Amérique, de quarante millions.

Celle de l'Europe, deux cent trente millions.

Celle des îles de la mer, vingt millions.

On compte douze millions d'âmes aux États-Unis.

Vingt-trois millions en Angleterre.

Trente-quatre millions en France.

Cent soixante-dix millions en Chine.

La mer est une grande étendue d'eau salée qui entoure les masses de terre.

Les hommes ont senti de bonne heure la nécessité de se communiquer les uns aux autres soit les productions de la terre, soit le fruit de leur industrie; pour cela, ils ont imaginé de construire avec des planches des maisons flottantes, à l'aide desquelles ils traversent les mers.

Les maisons dont se servent les hommes pour voyager sur les mers s'appellent des *vaisseaux.*

Il y a des vaisseaux de différentes grandeurs et de différentes formes; ils vont à l'aide du vent ou de la vapeur.

La mer est couverte de petites portions de terre qu'on appelle *îles.* Le plus grand nombre est habité.

La mer a deux mouvements qu'on attribue à l'influence de la lune. Le *flux*, c'est l'élèvement de ses eaux; le reflux, ou retrait des eaux dans leur lit. Cette double oscillation a lieu deux fois dans l'espace de vingt-quatre heures.

Il y a dans la mer une quantité considérable de poissons, qui diffèrent par leurs formes et leurs grosseurs; beaucoup de ces poissons servent de nourriture à l'homme.

Le neige et la grêle se forment de la pluie, qui, en s'échappant des nuages, gèle avant d'arriver à la terre.

Les hautes montagnes sont presque toutes couvertes de neige même pendant les plus grandes chaleurs.

Les rivières prennent leur source dans les montagnes; puis elles se jettent les unes dans les autres pour se réunir à la mer.

On voit plus communément des fontaines dans la pente ou au pied des montagnes que dans les plaines.

Les nuages sont composés de vapeurs que le soleil attire à lui : cette eau, réunie, est portée par l'air et agitée par les vents ; elle tombe ensuite en gouttes, c'est ce qui forme la pluie.

Le vent n'est autre chose que l'air déplacé et mis en mouvement.

L'air est chargé d'un grand nombre d'insectes, dont les plus communs se nomment mouches.

La lumière douce qui paraît avant le soleil, quand le temps est beau, s'appelle aurore ; celle que l'on aperçoit après que le soleil a quitté l'horizon s'appelle crépuscule.

L'arc-en-ciel ne paraît que dans les temps pluvieux, il se forme des rayons du soleil qui traversent les gouttes d'eau.

Les volcans sont des soupiraux par lesquels il sort de l'intérieur de la terre des feux qui se trouvent agités et mis en mouvement par les courants d'air.

Presque toutes les productions de la terre sont le patrimoine de l'homme.

Les hommes se sont réunis en société ; chaque société, qu'on appelle nation, occupe une portion de la terre ; chaque nation a son nom particulier.

Les lois, les langues, les costumes, varient comme les noms et les positions des peuples.

On appelle culte les cérémonies et les usages adoptés par les peuples pour rendre hommage à la divinité.

Les hommes, pour distribuer utilement leurs travaux, ont divisé le temps.

L'année se compose de quatre parties, qu'on appelle saisons ; chaque saison comprend trois mois.

Le printemps est le réveil de la nature ; les arbres reprennent leurs feuilles, les fleurs embellissent les jardins ; la prairie invite les animaux à la pâture : la terre se cultive et développe le germe de toutes les productions.

L'été est le temps où la chaleur se fait sentir avec plus de force : tout est en activité, tout mûrit.

L'automne est le temps des récoltes de toutes espèces.

L'hiver est le repos de la nature, c'est la saison du froid.

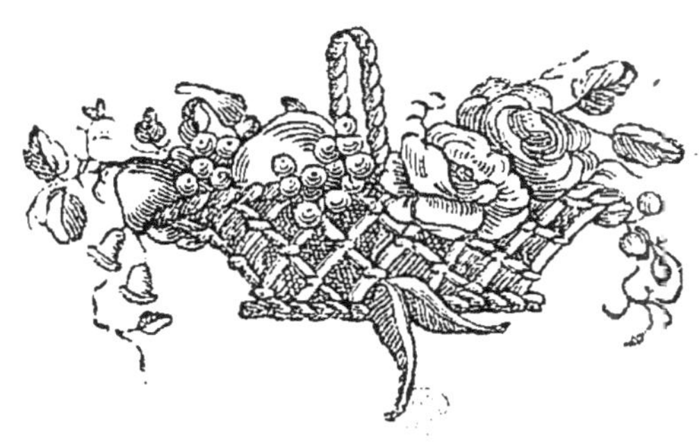

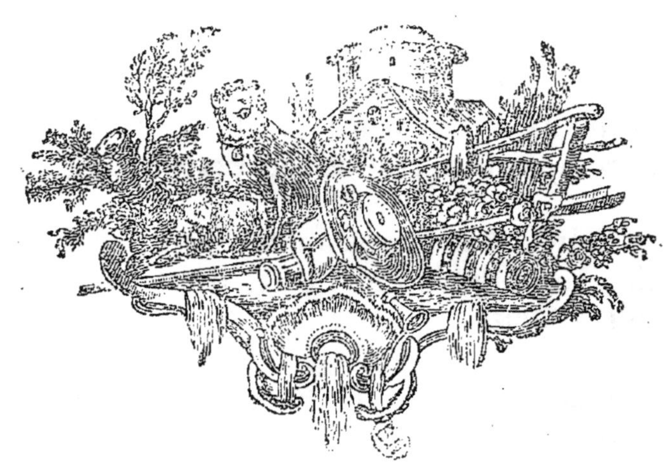

FABLES.

FLORE ET L'ENFANT.

Un enfant, par hasard, entra dans un jardin
Que Flore avait orné des fleurs les plus brillantes.
 Roses, œillets, jonquilles, amarantes
Soudain vinrent s'offrir aux yeux de mon lutin.
 La beauté de ces fleurs le tente ;
Il voudrait les cueillir, et toutes à la fois;
Mais Flore n'en laissa qu'une seule à son choix.
 Il cherche donc la plus brillante,
Je veux dire la rose, et sur elle soudain
 Il se mit à porter la main ;
 Mais comme il la sentit blessée
Par les traits dont la fleur se trouvait hérissée,
 Indigné de sa trahison :
Vas périr, lui dit-il, sur ton triste buisson;

Je vais chercher une autre rose,
Qui, plus belle que toi, n'aura point d'aiguillon.
Il fit très bien, mais à quoi bon ?
Ce fut partout la même chose.
Voilà donc le marmot qui se met à pleurer
De ce qu'il ne peut pas avoir ce qu'il désire.
De ses pleurs enfantins Flore se mit à rire.
Cependant, pour le rassurer,
Elle lui dit : Mon fils, en vain tu te chagrines ,
Tu ne pourras pas rencontrer
De rose qui soit sans épines.
Console-toi pourtant et cesse de gémir ,
Il ne tient qu'a toi de jouir
De cette fleur qui fait l'objet de ton envie,
Arrache-moi les traits dont elle est investie,
Ensuite, sans danger, tu pourras la cueillir.

SENS MORAL.

A tout jeune écolier je dis la même chose :
Votre étude, ainsi que la rose,
A ses épines, ses ennuis ;
Surmontez-les avec courage,
Et puis vous aurez l'avantage
D'en recueillir sans peine et les fleurs et les fruits.

LE LION ET LE RAT.

—

Il faut, autant qu'on peut, obliger tout le monde,
On a souvent besoin d'un plus petit que soit.
De cette vérité deux fables feront foi,
    Tant la chose en preuves abonde.
    Entre les pattes d'un lion
Un rat sortit de terre assez à l'étourdie.
Le roi des animaux, en cette occasion,
Montra ce qu'il était, et lui donna la vie.
    Ce bienfait ne fut pas perdu.
    Quelqu'un aurait-il jamais cru
    Qu'un lion d'un rat eût affaire!
Cependant il advint qu'au sortir des forêts
    Ce lion fut pris dans des rêts
Dont ses rugissements ne le purent défaire.
Sire Rat accourut, et fit tant par ses dents
Qu'une maille rongée emporta tout l'ouvrage.

    Patience et longueur de temps
    Font plus que force ni que rage.

LA COLOMBE ET LA FOURMI.

L'autre exemple est tiré d'animaux plus petits.
Le long d'un clair ruisseau buvait une colombe,
Quand, sur l'eau se penchant, une fourmi y tombe,
Et dans cet océan l'on eût vu la fourmi
S'efforcer, mais en vain, de regagner la rive ;
La colombe aussitôt usa de charité :
Un brin d'herbe dans l'eau par elle étant jeté
Ce fut un promontoire où la fourmi arrive ;
  Elle se sauve, et là—dessus
Passe un certain croquant, qui marchait les pieds nus.
Ce croquant, par hasard, avait une arbalète :
  Dès qu'il voit l'oiseau de Vénus,
Il le croit en son pot, et déjà lui fait fête.
Tandis qu'à le tuer mon villageois s'apprête,
  La fourmi le pique au talon ;
  Le vilain retourne la tête.
La colombe l'entend, part, et tire de long.
Le souper du croquant avec elle s'envole.

  Point de pigeon pour une obole.

LE LABOUREUR ET SES ENFANTS.

—

Travaillez, prenez de la peine,
C'est le fonds qui manque le moins.
Un riche laboureur, sentant sa mort prochaine,
Fit venir ses enfants, leur parla sans témoins :
Gardez-vous, leur dit-il, de vendre l'héritage
Que nous ont laissé nos parents,
Un trésor est caché dedans.
Je ne sais pas l'endroit, mais un peu de courage
Vous le fera trouver, vous en viendrez à bout.
Remuez votre champ dès qu'on aura fait l'oût,
Creusez, fouillez, bêchez, ne laissez nulle place
Où la main ne passe et repasse.
Le père mort, les fils vous retournent le champ
Deçà, delà, partout, si bien qu'au bout de l'an
Il en rapporta davantage.

D'argent, point de caché, mais le père fut sage
De leur montrer, avant sa mort,
Que le travail est un trésor.

LES FRELONS ET LES MOUCHES A MIEL.

A l'œuvre on connaît l'artisan.
Quelques rayons de miel sans maître se trouvèrent,
    Des frelons les réclamèrent.
    Des abeilles s'opposant,
Devant certaine guêpe on traduisit la cause,
Il était malaisé de décider la chose.
Des témoins déposaient qu'autour de ces rayons,
Des animaux ailés, bourdonnants, un peu longs,
De couleur fort tannée, et tels que des abeilles,
Avaient longtemps paru. Mais quoi ! dans les frelons
    Ces enseignes étaient pareilles.
La guêpe, ne sachant que dire à ces raisons,
Fit enquête nouvelle ; et, pour plus de lumières,
    Entendit une fourmillière.
    Le point n'en put être éclairci.
    De grâce, à quoi bon tout ceci ?
    Dit une abeille fort prudente ;
Depuis tantôt six mois que la cause est pendante,

Nous voici comme aux premiers jours.
  Pendant cela le miel se gâte.
Il est temps désormais que le juge se hâte ;
  N'a-t-il point assez léché l'ours ?
Sans tant de contredits et d'interlocutoires,
  Et de fatras et de grimoires,
  Travaillons, les frelons et nous ;
On verra qui sait faire, avec un suc si doux
  Des cellules si bien bâties.
  Le refus des frelons fit voir
  Que cet art passait leur savoir ;
Et la guêpe adjugea le miel à leurs parties.
Plût à Dieu qu'on réglât ainsi tous les procès,
Que des Turcs, en cela, on suivît la méthode ;
Le simple sens commun nous tiendrait lieu de code,
  Il ne faudrait pas tant de frais ;
Au lieu qu'on nous mange, on nous gruge,
  On nous mine par des longueurs ;
On fait tant à la fin que l'huître est pour le juge,
  Les écailles pour les plaideurs.

TABLEAU des chiffres romains, comparés avec les chiffres arabes, pour former tous nombres quelconques.

I	1	CL	150
II	2	CLXXVII	177
III	3	CC	200
IV	4	CCXL	240
V	5	CCC	300
VI	6	CCCLXV	365
VII	7	CD	400
VIII	8	CDXC	490
IX	9	D	500
X	10	DXLIV	544
XI	11	DLXXV	575
XX	20	DCC	700
XXX	30	DCCXVII	717
XL	40	DCCC	800
L	50	DCCCLIX	859
LX	60	CM	900
LXX	70	CMXCV	995
LXXX	80	M	1000
XC	90	MC	1100
C	100	MCLXXI	1171
CIX	109	MCD	1400
CX	110	MD	1500
CXV	115	MDCCCIX	1809
CXXV	125	MDCCCXXXIV	1834

TABLE pour apprendre à compter.

2 fois 2 font	4	5 fois 5 font	25	8 fois 8 font	64
2	3	6	5	6	30	8	9	72
2	4	8	5	7	35	8	10	80
2	5	10	5	8	40	8	11	88
2	6	12	5	9	45	8	12	96
2	7	14	5	10	50			
2	8	16	5	11	55			
2	9	18	5	12	60			
2	10	20						
2	11	22						
2	12	24						
3 fois 3 font	6	6 fois 6 font	36	9 fois 9 font	81
3	4	12	6	7	42	9	10	90
3	5	15	6	8	48	9	11	99
3	6	18	6	9	54	9	12	108
3	7	21	6	10	60			
3	8	24	6	11	66			
3	9	27	6	12	72			
3	10	30						
3	11	33						
3	12	36						
4 fois 4 font	16	7 fois 7 font	49	10 fois 10 font	100
4	5	20	7	8	56	10	11	110
4	6	24	7	9	63	10	12	120
4	7	28	7	10	70			
4	8	32	7	11	77			
4	9	36	7	12	84	11 fois 11 font	121
4	10	40				11	12	132
4	11	44						
4	12	48				12 fois 12 font	144

DIVISION DE LA PIASTRE.

La piastre se divise en 100 *cents*.
Elle se divise également en escalins et demi-escalins.

SIGNE DE LA PIASTRE..... 💲.

Parties aliquotes de la piastre, et division de l'escalin et demi-escalin en cents.

Le 1/2 escalin ou picaillon est à la piastre le 16me, et vaut 6 1/4 *cents*.
L'escalin est à la piastre le 8me, et vaut 12 *cents*.
L'escalin et demi est à la piastre les 3/16mes, et vaut 18 3/4 *cents*.
Les deux escalins sont à la piastre le 1/4, et valent 25 *cents*.
Les deux escalins et demi sont à la piastre les 5/16mes, et valent 31 1/4 *cents*.
Les trois escalins sont à la piastre les 3/8mes, et valent 37 1/2 *cents*.
Les trois escalins et demi sont à la piastre les 7/16mes, et valent 43 3/4 *cents*.
Les quatre escalins sont à la piastre la 1/2, et valent 50 *cents*.

Les quatre escalins et demi sont à la piastre les 9/16mes, et valent 56 1/4 *cents*.

Les cinq escalins sont à la piastre le 5/8mes, et valent 62 1/2 *cents*.

Les cinq escalins et demi sont à la piastre les 11/16mes, et valent 68 3/4 *cents*.

Les six escalins sont à la piastre les 3/4, et valent 75 *cents*.

Les six escalins et demi sont à la piastre les 15/16mes, et valent 81 1/4 *cents*.

Les sept escalins sont à la piastre les 7/8mes, et valent 87 1/2 *cents*.

Les sept escalins 1/2 sont à la piastre les 15/16mes, et valent 93 3/4 *cents*.

Les huit escalins équivalent à une piastre, qui équivaut elle-même à 100 *cents*.

Le dollar des États-Unis a la même valeur que la piastre, et se divise en 100 *cents*.

Le demi-dollar vaut 50 *cents* et se divise en deux quarts de dollar, deux demi-dollar ou pièces de quatre escalins font un dollar.

Le quart de dollar vaut 25 *cents* et se divise en deux dîmes et demie. Quatre quarts de dollar font un dollar.

La dîme vaut 10 *cents* et se divise en deux demi-dîmes. Il faut 10 pièces de dix-*cents* pour faire un dollar.

La demi-dîme vaut 5 *cents*; il en faut 20 pour faire un dollar.

FIN.

Paris.— Imprimerie de Cosson, rue du Four-St-Germain, 47.